Inhalt

Branchenreport TOURISMUS Ausgabe 2/2012

Kernthesen

Beitrag

Zahlen und Fakten

Weiterführende Literatur

Impressum

Branchenreport TOURISMUS Ausgabe 2/2012

Markus Hofstetter

Kernthesen

- Die Deutschen geben immer mehr Geld für ihren Urlaub aus, doch könnten sie ihren Titel als Reiseweltmeister bald an die Chinesen verlieren.
- Unternehmen ziehen alle Register, um bei Dienstreisen zu sparen. Dennoch steigen die Ausgaben in diesem Sektor.
- Der Hotelmarkt in Deutschland steuert 2012 auf eine Rekordmarke bei den Übernachtungen zu.
- Zwar verzeichnet die Kreuzfahrtbranche steigende Umsätze, doch die Reedereien stellen sich auf ein reduziertes

Wachstumstempo ein.
- Trotz der Luftverkehrsabgabe wächst das Passagieraufkommen auf den deutschen Flughäfen.

Beitrag

Die Reiseausgaben der Deutschen steigen weiter

Der Tourismus zählt zu den Schlüsselbranchen in Deutschland. Die der deutschen Tourismuswirtschaft zurechenbare Bruttowertschöpfung betrug 2011 rund 214,1 Milliarden Euro. Mit 9,7 Prozent der gesamten Bruttowertschöpfung der deutschen Volkswirtschaft trägt die Branche mehr zur Wertschöpfung bei als die Bau- oder Automobilbranche. Dabei wurden Umsätze von rund 280 Milliarden Euro erzielt mit insgesamt 2,9 Millionen Beschäftigten, rund sieben Prozent der deutschen Arbeitsplätze. (2), (11)

2011 gaben allein die inländischen Touristen gut 221 Milliarden Euro aus und ließen sich ihren Urlaub in der Heimat durchschnittlich 526 Euro pro Person kosten. Laut einer Umfrage der Forschungsgemeinschaft Urlaub und Reisen (FUR) werden 2012 nach dem Rekordjahr 2011 die

3

Reiseausgaben der Deutschen weiter wachsen. Die Urlaubsausgaben für Reisen ins Ausland sollen sich von 60,7 Milliarden Euro in 2011 auf knapp 62 Milliarden Euro bis Ende 2012 summieren. Ein Grund für den Anstieg der Reiseausgaben ist, dass 24 Prozent der Deutschen laut FUR in diesem Jahr mehr Reisen unternehmen wollen, nur 16 Prozent der Befragten wollen am Urlaub sparen. Pro Person und Reise werden insgesamt durchschnittlich 868 Euro ausgegeben. Deutschland ist damit derzeit das Land mit den international höchsten Aufwendungen für den Tourismus. Doch dies dürfte sich bald ändern. China, das bevölkerungsreichste Land der Welt, könnte die Deutschen in den nächsten zwei Jahren durchaus überholen.

Wo machen die Deutschen Urlaub? Ein knappes Drittel verbringt die Ferien am liebsten im Inland. Bayern, Mecklenburg-Vorpommern und Schleswig-Holstein sind in dieser Reihenfolge hierzulande die beliebtesten Ziele. Bei Reisen ins Ausland buchen die Deutschen am liebsten einen Trip nach Spanien, das mit 12,3 Prozent Spitzenreiter auf der Beliebtheitsskala ist. Danach kommen Italien mit 8,2 Prozent und die Türkei mit 7,4 Prozent. Das von der Euro-Krise stark gebeutelte Griechenland erreichte nach Österreich, Frankreich und Kroatien nur noch den siebten Platz. (1), (2), [Abb. 1], [Abb. 2]

Dabei fahren die Deutschen laut einer Untersuchung des ADAC am häufigsten mit Partner oder Partnerin in den Urlaub. 24 Prozent gingen bei der letzten Urlaubsreise auch mit dem Nachwuchs auf Tour. Das meistgenutzte Reisemittel ist das Auto, jedoch verliert es zu 2011 von 55,9 auf 54,7 Prozent etwas an Bedeutung. 36,4 Prozent der Deutschen nutzen das Flugzeug, 4,4 Prozent einen Reisebus. (3), (4)

Der internationale Reisemarkt knackt die Milliarden-Grenze

Wie entwickelt sich der weltweite Reisemarkt? Nachdem 2011 rund 990 Millionen Menschen grenzüberschreitend verreisten, rechnet die World Tourism Organization (UNWTO) damit, dass in diesem Jahr erstmals die magische Milliardengrenze geknackt wird. Das ist ein neuer Rekord. Grund zum Optimismus bietet die Zahl der Auslandsreisen, die im ersten Halbjahr 2012 registriert wurde. 467 Millionen zählte die UNWTO weltweit. Dies ist ein Plus von fünf Prozent im Vergleich zum ersten Halbjahr 2011.

Der Tourismus macht inzwischen rund fünf Prozent der weltweiten Wertschöpfung aus. Weltweit die beliebtesten Reiseziele waren auch 2011 wieder Frankreich mit 78,5 Millionen Besuchern, vor USA

(62,7 Millionen Besucher) und China (57,5 Millionen Besucher). Deutschland landete mit 28,4 Millionen Besuchern auf Rang sieben. Am stärksten wuchs der Tourismus mit einem Plus von acht Prozent in der Region Asien/Pazifik, Afrika erreichte plus sieben Prozent, Nord- und Südamerika verzeichneten fünf Prozent mehr internationale Besucher. Europa kommt auf vier Prozent Zuwachs und bleibt im Weltvergleich der am häufigsten besuchte Kontinent. Betrachtet man die Zahl der Auslandsreisen, haben die Chinesen die Deutschen als Reiseweltmeister inzwischen abgelöst. 2011 unternahmen die Bundesbürger 39 Millionen internationale Reisen, die Chinesen kamen dagegen auf 70,25 Millionen. (2), (5)

Unternehmen sparen bei den Dienstreisen, doch die Ausgaben steigen

Deutsche Unternehmen fürchten Umsatzrückgänge, wenn Dienstreisen aus Kostengründen gestrichen werden. Deshalb wollen neun von zehn Unternehmen laut der Geschäftsreiseanalyse des Verbands Deutsches Reisemanagement (VDR) auch künftig nicht auf Geschäftsreisen verzichten. Zwei von drei Reisen deutscher Firmen finden demnach innerhalb Deutschlands statt. Die Gesamtausgaben für dienstliche Reisen sind von 2010 auf 2011 um 3,1 Prozent auf 44, 8 Milliarden Euro leicht angestiegen. Das war auch darauf zurückzuführen, dass die Zahl der Geschäftsreisen um 5,9 Prozent auf 163,9 Millionen gestiegen ist. Die Geschäftsreisenden geben 2012 je Tag und Kopf mit 148 Euro auch mehr aus als 2011 mit 127 Euro. (6), (7)

Um die eigenen Reisekosten angesichts dieser Entwicklung im Rahmen zu halten, haben die Firmen an zahlreichen Schrauben gedreht. So wird bei der Unterbringung gespart. Hier halbierte sich laut VDR der Anteil der Übernachtungen von Geschäftsreisenden in Fünf-Sterne-Hotels innerhalb eines Jahres auf nur noch zwei Prozent. Dafür übernachten immer mehr Reisende in Ein- bis Drei-Sterne-Herbergen. 2011 wurde bereits jede zweite dienstliche Übernachtung in dieser günstigeren Kategorie gebucht. Die Budget-Hotellerie hat davon aber nicht profitiert. Der Anteil an den 57,3 Millionen Übernachtungen der Geschäfts- und Dienstreisenden ging bei den Ein- und Zwei-Sterne-Häusern um fünf Prozent auf 2,9 Millionen zurück. 87 Prozent der Geschäftsreisenden bevorzugen dagegen die Drei- und Vier-Sterne-Hotellerie. (7), (8)

Auch bei Flugreisen wird auf den Preis geachtet. Billigflieger werden zwar nicht mehr unbedingt gewählt, um die Reisekosten zu senken. Dafür fliegen laut VDR mittlerweile 62 Prozent der Geschäftsreisenden auf Langstrecken in der Economy-Klasse. 2005 waren es nur 46 Prozent. Ein weiterer Hebel zur Kostensenkung sind immer kürzere Dienstfahrten. Betrug die Reisedauer 2007 im Schnitt noch 2,3 Tage, so sind es jetzt noch zwei glatte Tage. Der Anteil der Tagesreisen ohne Übernachtung war dabei laut VDR mit über 54 Prozent noch nie so hoch wie 2011. Dennoch haben 2011 deutsche Geschäftsreisende 43,4 Millionen Übernachtungen im Inland gebucht, ein Plus von 3,6 Millionen im Vergleich zu 2010. (6), (8)

Zwar ist das Sparpotenzial fast ausgereizt, doch sehen Geschäftsreiseketten bei den Firmenkunden noch Einsparmöglichkeiten. Ansätze findet man unter anderem bei den vor- und nachgelagerten Prozessen wie der Abrechnung, Best-Buy-Angebote könnten konsequenter genutzt werden. Die Kombination der Reisemittel kann ebenfalls optimiert werden. Hier wird häufig zu sehr auf möglichst günstige Flüge geachtet, Transportkosten am Zielort dagegen vernachlässigt. (8)

Gastgewerbe und Incoming

Insgesamt gab es 2011 in Deutschland rund 36 700 Hotel. Nach Zahlen des Statistischen Bundesamts erhöhte sich die Zahl der Gästeübernachtungen in deutschen Beherbergungsbetrieben im ersten Halbjahr 2012 um fünf Prozent auf 182,2 Millionen. Hotels und Herbergen steigerten ihre Umsätze im Vergleich zum entsprechenden Vorjahreszeitraum real um 1,1 Prozent. Das Gastgewerbe setzte in diesem Zeitraum nominal 2,7 Prozent mehr um als im Vorjahreszeitraum. Real schlug ein Plus von 0,5 Prozent zu Buche. Die Umsätze in Restaurants, Bistros und Kneipen stiegen um nominal 2,4 Prozent, real um 0,2 Prozent. Für das Gesamtjahr erwartet PKF hotelexperts, dass sich der Aufwärtstrend am deutschen Hotelmarkt fortsetzen wird. Es wird davon ausgegangen, dass 2012 die Rekordmarke von 400 Millionen Gästeübernachtungen erreicht werden könnte, 2011 waren es noch 394 Millionen. (12), (13), (14), (15)

Laut PKF kostete ein Zimmer in den von ihnen erfassten Hotels 2011 im Durchschnitt 99,64 Euro und damit drei Prozent mehr als im Vorjahr. Gleichzeitig stieg die Auslastung von 63,3 Prozent auf 65 Prozent. Eindeutiger Gewinner sind dabei die Stadthotels in den großen Metropolen. Hier nahm die Belegung um vier Prozent zu, der RevPar, das heißt der Umsatz pro verfügbarem Zimmer, stieg somit sogar um 6,7 Prozent. Die Hotels an Sekundärstandorten legten beim RevPar um 3,7 Prozent zu. Bei den Flughafenhotels ging die Belegung dagegen im

Schnitt um 3,3 Prozent zurück, was trotz fünf Prozent höherer Durchschnittspreise nur zu einem RevPar-Anstieg von 1,6 Prozent führte. Von den deutschen Städten konnte Berlin mit 9,9 Millionen am meisten Besucher anziehen, gefolgt von München mit 5,9 Millionen Besuchern und Hamburg mit 5,1 Millionen Besuchern. (2), (15)

Das Incoming gewinnt an Bedeutung. Die Anzahl der Übernachtungen hat sich von 2010 auf 2011 um 7,5 Prozent auf 64 Millionen erhöht. Die ausländischen Touristen gaben 27,4 Milliarden Euro aus. In diesem Jahr läuft es noch besser. Das Ausländer-Nächtigungsplus im ersten Quartal 2012 erreicht neun Prozent. Die bedeutendsten Quellmärkte sind die Niederlande, die Schweiz, UK, die USA, Italien und Österreich. Auch die langfristige Perspektive ist gut. Bei einer weiteren positiven Marktentwicklung wird erwartet, dass bis 2020 die Marke von 80 Millionen Übernachtungen ausländischer Gäste durchbrochen wird. (1), (11)

Reisebüros und Reiseveranstalter

Auf die rund 10 200 Reisebüros in Deutschland entfiel 2011 ein Gesamtumsatz von 22,4 Milliarden Euro, wovon mit 66 Prozent der Löwenanteil auf Urlaubsreisen, der Rest auf Geschäftsreisen entfiel. Die stationären Reisebüros verbuchten ein

Umsatzplus von rund sieben Prozent, die Geschäftsreisebüros sogar fast 14 Prozent. Der Umsatz der deutschen Reiseveranstalter lag 2011 bei 23,3 Milliarden Euro. Bei den Reiseveranstaltern bleibt TUI mit einem Umsatz von 4,2 Milliarden Euro bei acht Millionen Teilnehmern Branchenführer. Branchenzweiter Rewe Touristik (ITS, Jahn Reisen) kommt auf 3,1 Milliarden Euro Umsatz bei 6,7 Millionen Teilnehmern. Auf Rang drei liegt Thomas Cook (Neckermann Reisen, Öger, Bucher) mit rund drei Milliarden Euro Umsatz bei 5,7 Millionen Teilnehmern. Festzustellen ist allerdings eine Aufholjagd kleinerer Reiseveranstalter auf die Großen der Branche. Vor fünf Jahren teilten sich TUI, Thomas Cook und Rewe Touristik noch die Hälfte des gesamten Marktvolumens unter sich auf, 2011 waren es nur noch 44 Prozent. So schaffte beispielsweise die Duisburger Schauinsland-Reisen im letzten Jahr ein Kundenwachstum von 19 Prozent, der Umsatz stieg sogar um 26 Prozent auf 701 Millionen Euro. In Deutschland gibt es über 2 500 Reiseveranstalter. (1), (2), (9), (10), (25), [Abb. 3]

Internet

Laut einer Statistik des Verbandes Internet Reisevertrieb (VIR) informieren sich mehr als die Hälfte der Reisenden (55 Prozent) vorab im Internet über Reiseangebote, 33 Prozent der Buchungen erfolgen inzwischen übers Web. Für 2012 werden die Umsätze der übers Internet gebuchten Reiseleistungen auf 24,03 Milliarden Euro geschätzt (2011 22,12 Milliarden Euro), dabei dominieren klar die Reiseportale mit einem Anteil von insgesamt 37 Prozent der Buchungen. Am häufigsten gebucht werden übers Web derzeit Unterkünfte mit 15 Prozent, gefolgt von Pauschalreisen und Flugtickets mit jeweils neun Prozent. Wachsende Bedeutung werden auch den Bereichen Social Media und Mobile Commerce beigemessen. 32,4 Prozent der Unternehmen generieren bereits Umsätze über Social Media und 14,7 Prozent über mobile Anwendungen. (24)

Kreuzfahrtbranche verabschiedet sich von hohen Wachstumsraten

Die deutsche Kreuzfahrbranche erzielte 2011 einen Umsatz von 2,4 Milliarden Euro. Das ist ein Plus von 14 Prozent verglichen mit dem Vorjahr. Fast 1,4 Millionen Passagiere aus Deutschland waren an Bord der Schiffe, 2010 waren es noch 1,2 Millionen. 1,7 Prozent der Deutschen machen Urlaub auf einem Kreuzfahrtschiff. Nach Expertenansicht werden die Buchungszahlen aus Deutschland bis 2020 auf 2,5 bis drei Millionen Gäste wachsen. Es ist noch offen, ob

2012 erneut ein zweistelliges oder ein hohes einstelliges Wachstum des Kreuzfahrt-Segments verzeichnet werden wird.

Die Reedereien haben sich indes längst auf ein reduziertes Wachstumstempo eingestellt. Die Liste der bestellten Neubauten wird mit jeder Schiffstaufe kürzer. 2013 steht eine erste Verschnaufpause an. Kamen 2012 noch 14 Traumschiffe auf dem Markt dazu, rechnet die Branchenorganisation CLIA damit, dass die Weltkreuzfahrtflotte 2013 lediglich um drei auf dann 225 Schiffe wachsen wird. (16), (17)

Luftverkehr

Ein Gutachten des Bundesfinanzministeriums (BMF) zur Auswirkung der Luftverkehrsteuer kommt zu dem Ergebnis, dass die sogenannte Umweltabgabe zwei Millionen Passagiere gekostet hat. Danach ist ein Teil der Fluggäste auf grenznahe Flughäfen in Frankreich, Belgien und den Niederlanden ausgewichen. Die Steuer wurde Anfang 2011 eingeführt. Sie betrug zunächst je nach Entfernung zwischen acht und 45 Euro pro Passagier. 2012 wurde die Steuer wegen zusätzlicher Belastungen der Fluglinien durch die Klimaschutzabgabe im Zuge des Emissionshandels leicht gesenkt.

Dennoch hat sich Zahl der Passagiere, die von deutschen Flughäfen abgeflogen sind, in den ersten drei Monaten 2012 erhöht. Laut dem Statistischen Bundesamt lag die Zahl mit 20,9 Millionen Passagieren um 0,6 Millionen oder drei Prozent über dem Niveau des Vorjahresquartals. Dieser Anstieg ging auf den Auslandsflugverkehr zurück. Hier stiegen die Passagierzahlen um 4,4 Prozent. Im Inlandsverkehr dagegen sank die Zahl der Fluggäste um 0,4 Prozent. Im Gesamtjahr 2011 starteten und landeten auf deutschen Flughäfen insgesamt 198,2 Millionen Fluggäste, fünf Prozent mehr als 2010. Der größte Flughafen ist Frankfurt/Main mit 56,3 Millionen Passagieren im Jahr 2011, vor München mit 37,6 Millionen Passagieren und Berlin mit 24 Millionen Passagieren. Bei den Fluggesellschaften sind neben den Marktführern Lufthansa (Umsatz 2011 rund 28,7 Milliarden Euro) und Air Berlin (Umsatz 2011 rund 4,2 Milliarden Euro) in Deutschland insgesamt 18 Fluggesellschaften im Linien- und Charterverkehr registriert. Die beiden Platzhirsche belasten derzeit neben den gestiegenen Kerosinkosten vor allem die Konkurrenz durch Billigflieger und neue Wettbewerber aus der Golfregion. Sie kämpfen aktuell beide mit Verlusten und haben Sparprogramme ausgerufen. (2), (18), (19), (28)

Nach Angaben des Luftfahrtverbandes IATA hat sich

das weltweite Wachstum des Luftverkehrsgeschäfts im Juli 2012 abgeschwächt. Das Passagiergeschäft hat im Vergleich zum Vorjahresmonat im Juli 2012 um 3,4 Prozent zugelegt, im Juni waren es noch 6,3 Prozent. Der internationale Passagierverkehr verzeichnete im Jahresvergleich im Juli ein Plus von 3,5 Prozent, im Juni waren es noch 7,5 Prozent. Während sich der Zuwachs in Europa auf 4,8 Prozent belief, verzeichneten die nordamerikanischen Fluglinien ein Minus von 2,1 Prozent, was laut IATA vornehmlich auf Kapazitätsreduktionen zurückzuführen ist. Im asiatisch-pazifischen Raum hat sich die Nachfrage leicht um 0,9 Prozent, in Afrika um 5,2 Prozent, in Lateinamerika um 5,7 Prozent und im Nahen und Mittleren Osten um 11,2 Prozent verbessert. Weltweit wurden laut IATA 2011 insgesamt 2,835 Milliarden Passagiere (plus sechs Prozent) befördert und 5 100 Milliarden Kilometer wurden geflogen. (20)

Bahnverkehr

Insgesamt gibt es in Deutschland 2011 im Personenverkehr rund 300 Eisenbahn-Unternehmen. Von ihnen wurden rund 2,5 Milliarden Passagiere transportiert und 84,8 Milliarden Personenkilometer zurückgelegt. Den größten Anteil hatte hier die Bahn mit 1,98 Milliarden Passagieren und 79,2 Milliarden Personenkilometern. Sie erziele 2011 Umsätze von rund 37,9 Milliarden Euro mit einem operativen Jahresüberschuss von 2,3 Milliarden Euro. Konkurrenz erwächst der Bahn vor allem im Regionalverkehr, allerdings hat sie es hier weniger mit privater Konkurrenz zu tun. Von den größten Wettbewerbern, die gut zwei Drittel der gewonnen Nahverkehrsleistungen erbringen, ist nur Veolia eine private Gesellschaft. Die Nummer zwei, Netinera, gehört mehrheitlich der italienischen Staatsbahn, die darauf folgende Benex der Hamburger Hochbahn, die AVG der Stadt Karlsruhe und Keolis zu 70 Prozent der französischen Staatsbahn SNCF. (2), (26), (27)

Trends

Medizintourismus wird zum wichtigen Faktor für den Reisemarkt

Jeder Zweite in Deutschland kann sich vorstellen, für eine medizinische Behandlung ins Ausland zu fahren. Zu diesem Ergebnis kommt der IUBH Travel Report, einer repräsentativen Bevölkerungsumfrage des Meinungsforschungsinstituts YouGov im Auftrag der Internationalen Hochschule Bad Honnef (IUBH). Demnach ist diese Zustimmungsrate zum

Medizintourismus relativ gleichmäßig über Unterschiede in Alter, Einkommen und Bildung hinweg vorhanden. Besonderes Interesse bekunden die deutschen Medizintouristen an Kuren und Rehabilitationsmaßnahmen im Ausland, gefolgt von Zahnbehandlungen und Augenoperationen.

Die hohe Akzeptanz für Behandlungen im Ausland ist laut IUBH auf den schrumpfenden Leistungskatalog der gesetzlichen Krankenkassen und auf das hohe Preisniveau bei Selbstzahlerleistungen zurückzuführen. 54 Prozent der Befragten nennen finanzielle Vorteile als wichtiges Argument für eine Behandlung im Ausland. Medizinische Angebote nachzufragen, die in Deutschland nicht erbracht würden, waren für 28 Prozent Triebfeder für eine Behandlung im Ausland.

26 Prozent der Befragten gaben an, dass sie auch die Kombination mit einem Urlaub in Betracht ziehen könnten. Bei den Zielländern für eine medizinische Behandlung führt Westeuropa als beliebteste Region der potenziellen Medizintouristen mit gut 67 Prozent, gefolgt von Osteuropa mit knapp 44 Prozent und Nordamerika mit knapp 37 Prozent. (21)

Die Deutschen urlauben immer

kürzer und anspruchsvoller

Der Trend geht hin zu Kurzurlauben. Laut FUR blieben die Deutschen am Stück nur noch 10,5 Tage im Urlaub, im Vorjahr waren es noch 10,6 Tage und in den 80er Jahren waren es sogar 18 Tage. - Dabei schreibt das Bundesurlaubsgesetz vor, dass der gesetzliche Mindesturlaub von vier Wochen möglichst am Stück zu gewähren ist, weil man sich dabei besser erholen kann. - Wachstumspotential wird in anspruchsvolleren Reisen gesehen. Die Urlauber buchen vermehrt teurere Reisen, bei denen es auch mal ein Design-Bungalow sein darf, und in der Exklusivität sehen Touristiker auch einen Eckpfeiler für künftiges Wachstum. (2), (22), (25)

Zahlen & Fakten

Abbildung 1: Die Reiseausgaben steigen

* Hochrechnung Commerzbank
Quelle: Deutsche Bundesbank

GBI-Genis Grafik

Entommen aus: Hamburger Abendblatt, 212/2012, S. 26, (1), und Fakten und Zahlen zum deutschen Reisemarkt 2011, (2)

Abbildung 2: Wohin verreisen die Deutschen?

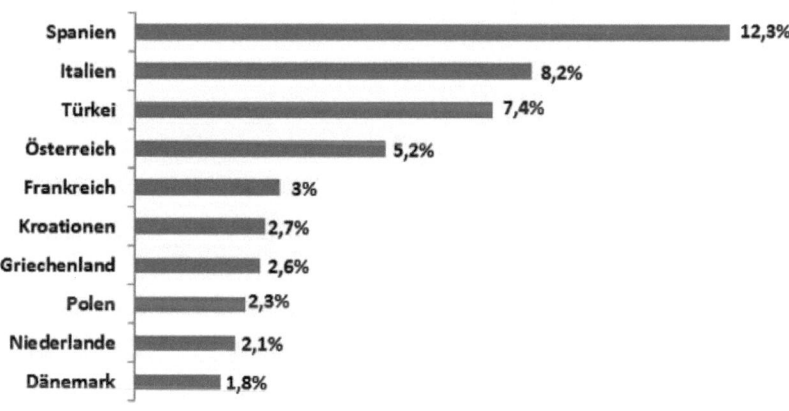

Quelle: Forschungsgemeinschaft Urlaub und Reisen

GBI-Genios Grafik

Entnommen aus: Hamburger Abendblatt, 212/2012, S. 26, (23) und Fakten und Zahlen zum deutschen Reisemarkt 2011, (2)

Abbildung 3: Die größten Reiseveranstalter

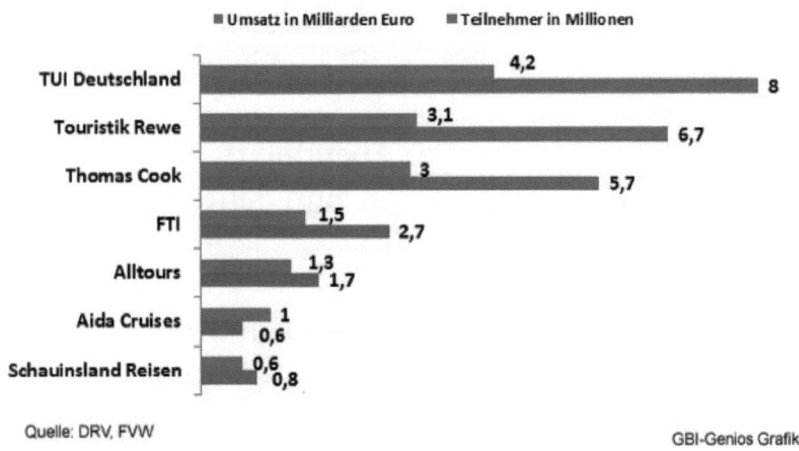

Die größten Reiseveranstalter in Deutschland 2011

■ Umsatz in Milliarden Euro   ■ Teilnehmer in Millionen

Quelle: DRV, FVW   GBI-Genios Grafik

Entnommen aus: Frankfurter Allgemeine Zeitung, 54/2012, S. 16, (9)

Weiterführende Literatur

(1) Reiselust ist trotz der Euro-Krise ungetrübt
aus Hamburger Abendblatt, 10.09.2012, Nr. 212, S. 26

(2) Fakten und Zahlen zum deutschen Reisemarkt
aus Hamburger Abendblatt, 10.09.2012, Nr. 212, S. 26

(3) So urlauben die Deutschen
aus DIE WELT, 02.07.2012, Nr. 152, S. 14

(4) Wie das Netz im Reisemarkt wirbelt
aus Handelsblatt Nr. 154 vom 10.08.2012 Seite 055

(5) 2012 wird ein Rekordjahr
aus Welt am Sonntag, 07.10.2012, Nr. 41, S. R1

(6) Geschäftsleute reisen kürzer und billiger
aus FAZ.NET, 13.06.2012

(7) Firmen: Mehr Sparen geht nicht
aus Allgemeine Hotel- und Gastronomie-Zeitung 25
vom 16.06.2012 Seite 002

(8) Feinarbeit ist angesagt
aus fvw Nr. 13 vom 22.06.2012 Seite 048

(9) Urlaubslaune in Deutschland steigt
aus Frankfurter Allgemeine Zeitung, 03.03.2012, Nr. 54,
S. 16

(10) Starkes Jahr für Deutschland Reisevertrieb
aus Tourismuswirtschaft Austria & International
Nr.2123/2012 vom 21.09.2012, Seite AGE reisebüros,
agenturen"T.A.I." Nr. 2123/2012 vom 21.09.2012 Seite: 5

(11) Tourismus für Deutschland wichtiger als BMW &
Co.
aus Tourismuswirtschaft Austria & International
Nr.2107/2012 vom 01.06.2012, Seite AKT aktuell"T.A.I."
Nr. 2107/2012 vom 01.06.2012 Seite: 7

(12) Umsätze schwanken
aus Allgemeine Hotel- und Gastronomie-Zeitung 35
vom 25.08.2012 Seite 005

(13) Leichtes Umsatzplus im Gastgewerbe
aus Handelsblatt online vom 17.08.2012

(14) Schwacher Sommerstart in Deutschland
aus Tourismuswirtschaft Austria & International
Nr.2124/2012 vom 28.09.2012, Seite ALL hotel &
gastronomie"T.A.I." Nr. 2124/2012 vom 28.09.2012
Seite: 10

(15) Hotelmarkt weiter auf Wachstumskurs
aus Immobilien Zeitung Nr. 35 vom 30.08.2012 Seite 3

(16) Kreuzfahrer sehen Wachstumsgrenzen
aus Frankfurter Allgemeine Zeitung, 06.10.2012, Nr.
233, S. 14

(17) Kreuzfahrten boomen wieder
aus manager-magazin.de vom 16.08.2012

(18) Passagierzahlen im deutschen Luftverkehr
gestiegen
aus manager-magazin.de vom 16.08.2012

(19) Luftverkehrssteuer zeigt Wirkung
aus Allgemeine Hotel- und Gastronomie-Zeitung 27
vom 30.06.2012 Seite 007

(20) Verkehr & Freizeit-Sektor: Wachstum der
Luftverkehrszahlen schwächt sich ab

aus Allgemeine Hotel- und Gastronomie-Zeitung 27
vom 30.06.2012 Seite 007

(21) Medizintourismus im Aufwind
aus Ärzte Zeitung Nr. 86 vom 11.05.2012, Seite 18

(22) Jahresurlaub immer kürzer
aus Stuttgarter Nachrichten, 11.07.2012, S. 1

(23) Beliebteste Auslandsziele
aus Hamburger Abendblatt, 10.09.2012, Nr. 212, S. 26

(24) Daten & Fakten zum Online-Reisemarkt
aus Hamburger Abendblatt, 10.09.2012, Nr. 212, S. 26

(25) Touristiker entdecken anspruchsvolle Kunden
aus Frankfurter Allgemeine Zeitung, 25.10.2012, Nr.
249, S. 14

(26) Branchenreport Ausgabe 1/2012
aus GENIOS BranchenWissen Nr. 05 vom 22.05.2012

(27) Bahnverkehr - die Deutsche Bahn kämpft an
vielen Fronten
aus GENIOS BranchenWissen Nr. 10 vom 08.10.2012

(28) Luftverkehr - Branche verspürt schärferen
Gegenwind
aus GENIOS BranchenWissen Nr. 07 vom 24.07.2012

Impressum

Branchenreport TOURISMUS Ausgabe 2/2012

Bibliografische Information der deutschen Nationalbibliothek

Die Deutsche Nationalbibliothek verzeichnet diese Publikation in der deutschen Nationalbibliografie; detaillierte bibliografische Daten sind im Internet über http://dnb.d-nb.de abrufbar.

ISBN: 978-3-7379-1941-8

© 2015 GBI-Genios Deutsche Wirtschaftsdatenbank GmbH, Freischützstraße 96, 81927 München, www.genios.de

oder ähnliche Einrichtungen und die Einspeicherung und Verarbeitung in elektronischen Systemen.